AF393671

RETROUVER LA MOTIVATION AU TRAVAIL

Conseils pour redonner du sens à son emploi

Par Caroline Cailteux

50MINUTES.fr

RETROUVER LA MOTIVATION AU TRAVAIL 11

B.A.-BA DE LA MOTIVATION 15

Motivation, satisfaction ou implication ?

Évolution de la conception de la motivation

Quel est le sens de mon travail ?

Les différentes formes de motivation

Pourquoi suis-je démotivé(e) ?

Subir ou agir ?

TOP CONSEILS 41

Faites le point sur votre carrière

Faites le point sur votre employabilité

Faites le point sur votre implication affective envers l'organisation

Faites le point sur vos besoins de respect et de reconnaissance

Faites le point sur votre sentiment d'équité

Objectivez le coût et l'impact des « nuisibles » qui sabotent votre motivation

Obtenez ce que vous voulez en partageant vos motivations

FAQ 57

Pour me remotiver au travail, dois-je uniquement me focaliser sur les aspects professionnels ?

Comment réagir au stress professionnel qui me démotive ?

Comment produire des solutions face aux situations difficiles ?

Serais-je plus satisfait(e) et plus motivé(e) si je travaillais à temps partiel ?

Comment font ceux qui s'adaptent aux changements organisationnels ?

Dois-je envisager une reconversion professionnelle pour me remotiver ?

À VOUS DE JOUER ! 71

POUR ALLER PLUS LOIN 77

RETROUVER LA MOTIVATION AU TRAVAIL

- **Problématique ?** Comment identifier les sources de démotivation et agir pour se motiver ?
- **Utilité ?** Il ne suffit pas toujours d'être compétent pour bien travailler, et l'épanouissement dans la vie privée n'est pas forcément un rempart assez solide pour faire face à la souffrance professionnelle. Quand la force nous manque pour nous rendre au travail et accomplir notre mission professionnelle, il est important de prendre le temps de réfléchir à ce qui peut être mis en place, avant d'atteindre le point de rupture.
- **Contexte professionnel ?** Gestion des ressources humaines.

- **FAQ ?**
  - <u>Pour me remotiver au travail, dois-je uniquement me focaliser sur les aspects professionnels ?</u>
  - <u>Comment réagir au stress professionnel qui me démotive ?</u>
  - <u>Comment produire des solutions face aux situations difficiles ?</u>
  - <u>Serais-je plus satisfait(e) et plus motivé(e) si je travaillais à temps partiel ?</u>
  - <u>Comment font ceux qui s'adaptent aux changements organisationnels ?</u>
  - <u>Dois-je envisager une reconversion professionnelle pour me remotiver ?</u>

Bien que de nombreuses entreprises fassent appel aux « personnes motivées » dans leurs offres d'emploi, la motivation n'est pas une compétence dont certains d'entre nous disposeraient et d'autres pas. Elle est une dynamique, une chimie entre un individu et son contexte qui prend, ou pas, ou plus, selon les évolutions. La motivation, ça se cultive, et si vous faites partie des jardiniers, vos collègues, votre manager et votre entreprise ont également leur rôle à jouer pour qu'il fasse bon vivre dans votre potager. Bien que vous n'ayez pas toujours la possibilité d'agir sur les autres et de changer leur comportement, nous espérons qu'une analyse de votre situation à la lumière des notions qui suivent vous motivera à vous relancer plutôt que de rester assis(e) à regarder pousser les mauvaises herbes.

B.A.-BA DE LA MOTIVATION

MOTIVATION, SATISFACTION OU IMPLICATION ?

La motivation est souvent confondue avec les notions de satisfaction et d'implication. Dans leur ouvrage, *Motiver, être motivé et réussir ensemble*, Éric Cobut et Géraldine Bomal nous expliquent que la satisfaction fait plutôt référence aux représentations que nous avons de notre situation professionnelle, alors que la motivation correspond plutôt à la force motrice qui est à l'origine de nos comportements. La satisfaction est un état, nous sommes satisfaits ou insatisfaits, tandis que la motivation correspond à une dynamique, à un processus nécessitant un effort pour nous mettre en mouvement dans notre contexte professionnel. Si nous sommes motivés, c'est toujours en référence à quelque chose ; il n'existe pas de motivation absolue. Ces auteurs distinguent l'absence de motivation de la « démotivation ». Il y a effectivement une nuance à prendre en compte entre le fait de ne trouver aucun élément qui vous donne l'envie de vous activer et voir votre envie de vous activer disparaître sous l'influence de l'altération de votre relation avec votre environnement de travail.

L'implication (ou *commitment* pour les Anglo-Saxons) est un concept également confondu avec la motivation. Cette notion renvoie plutôt à la relation, au lien que la personne entretient avec l'organisation et ses membres. L'implication correspond quant à elle à notre degré d'identification psychologique au travail et influence notre image globale. Comme l'indiquent différentes études relatives à l'implication organisationnelle, dont celle d'Howard Klein, Thomas Becker et John Meyer, il existe différentes formes d'implication :

- l'implication au travail, relative à la place que ce dernier occupe dans notre vie ;
- l'implication envers l'organisation dans sa globalité, représentative d'une adhésion à ses buts et valeurs, d'une volonté de produire des efforts pour elle et d'un désir d'en rester membre ;

- l'implication envers la carrière ou la profession ;
- l'implication envers une fonction spécifique (*job involvment*).

Votre emploi et votre lien professionnel à l'organisation influencent donc la perception que vous avez de votre image globale ainsi que votre motivation au travail. Si vous vous sentez affecté par des éléments de votre contexte professionnel, il est donc important d'y consacrer un moment de réflexion afin d'identifier où le bât blesse.

ÉVOLUTION DE LA CONCEPTION DE LA MOTIVATION

Dans son ouvrage relatif au management intuitif, Meryem Le Saget nous indique l'existence de trois générations de conceptions de la motivation depuis les années 1900.

« J'exécute mes tâches »

La première génération est liée à l'époque de l'industrialisation et du taylorisme, offrant une lecture unique des travailleurs, avec des solutions identiques pour chacun d'entre eux. Être motivé, c'est alors travailler par crainte de l'employeur, par espoir d'atteindre une meilleure condition de vie, ou encore pour gagner sa croûte et nourrir sa famille.

« Je participe à la réalisation du travail »

La seconde génération prend conscience des notions de satisfaction et d'insatisfaction au travail. Elle tient compte des besoins des salariés, les groupant en grandes catégories hiérarchisées, la satisfaction des niveaux inférieurs étant nécessaire à l'accès aux niveaux supérieurs. Cette nouvelle génération comprend donc qu'une personne motivée a besoin, pour le rester, d'écoute, d'un poste adapté et que l'on reconnaisse sa contribution.

La pyramide des besoins de Maslow

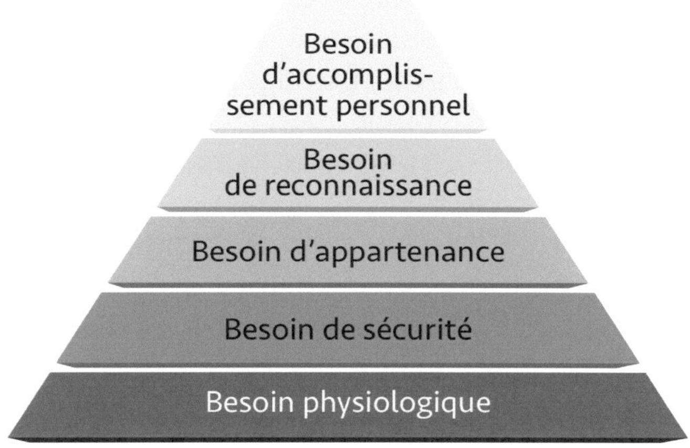

C'est entre 1950 et 1990, sous l'impulsion du mouvement des relations humaines (mouvement rattaché à l'étude des organisations né à la suite de la crise de 1929, qui étudie les relations de groupe au travail), que des théories, dont celle de la célèbre pyramide de Maslow, invitent à prendre en compte le fait que les motivations des uns et des autres ne sont pas identiques.

Parmi d'autres auteurs, le psychologue américain Frederick Irving Herzberg (1923-2000) complète cette approche par sa théorie des deux facteurs, proposant de se montrer attentif à l'équilibre entre la présence et l'absence des facteurs de satisfaction et d'insatisfaction. En effet, selon lui, les facteurs de satisfaction agissent de manière indépendante par rapport aux facteurs d'insatisfaction. Ainsi, si l'absence de facteurs d'hygiène (salaire, bonnes relations, bonnes conditions de travail, etc. – l'hygiène du travail s'intéresse en effet à tous les facteurs susceptibles d'influencer la santé comme le bien-être des travailleurs) engendre de la démotivation, la présence de facteurs moteurs (retour de résultat sur l'effort investi, nature du travail, reconnaissance, autonomie, etc.) n'empêchera peut-être pas le travailleur de se sentir insatisfait dans son travail. Il s'agit de promouvoir les aspects satisfaisants tout en travaillant en parallèle à réduire les éléments d'insatisfaction. S'il veut motiver son personnel, l'employeur doit prendre en compte les besoins de ses salariés, ouvrir l'œil sur leurs facteurs de satisfaction et d'insatisfaction, et adapter les solutions aux différents cas de figure.

« Je m'implique dans mon travail parce que je peux m'exprimer et me réaliser »

La motivation de troisième génération apparaît dans les années quatre-vingt-dix. Le manager est un leader intuitif à la lecture systémique, mis au défi de redonner du sens au travail et de traiter les personnes en adultes. Au-delà des grandes catégories, chaque personne est particulière et les solutions doivent donc être sur mesure, tout en s'intégrant dans un système complexe. Ce n'est plus la tâche qui est au cœur de la motivation, mais l'intérêt pour cette dernière.

Bien que les années quatre-vingt-dix annoncent l'avènement du management intuitif, tous les managers n'ont cependant pas évolué au même rythme que le concept. Il n'est pas rare d'observer sur le terrain des approches managériales centrées sur le découpage des tâches et sur l'organisation du travail, ou axées sur le management participatif sans avoir aucune idée de ce que pourrait représenter le management intuitif, ce dernier étant basé sur le capital confiance de la relation avec le travailleur et focalisé sur la quête du sens au travail.

Est-ce que je partage la conception de la motivation de mon organisation et/ou de mon manager ?

Si vous vous sentez démotivé(e), il n'est pas impossible que votre conception de la motivation et vos attentes soient en décalage avec celles de votre organisation ou de votre manager. Voici un premier point de réflexion qui vous permettra de prendre conscience des raisons qui pourraient être à l'origine de votre démotivation. En vous appuyant sur le tableau ci-dessous, à quelle génération correspond selon vous la conception de votre organisation/de votre manager ? Et quelle est votre propre conception de la motivation ? Observez-vous un décalage ? Lequel ?

MOTIVATION GÉNÉRATION 1	MOTIVATION GÉNÉRATION 2	MOTIVATION GÉNÉRATION 3
Management centré sur les tâches et l'organisation du travail. On applique la technique de la carotte et du bâton.	Management centré sur les types de besoins, la satisfaction et l'insatisfaction.	Management basé sur l'intuition et centré sur les motivations intrinsèques de curiosité intellectuelle, de désir d'évolution, d'envie de donner du sens.
Mon manager se fie à la technologie et ne se préoccupe que de mon efficacité, ce qui me rapporte de l'argent.	Mon manager se fie à son humanisme et se soucie de comprendre comment je fonctionne pour susciter mon désir de participation et me permettre d'évoluer.	Mon manager se fie à son intuition, me fait confiance et se soucie du sens de mon travail.

Contrairement à certaines croyances, les personnes qui nous entourent ne lisent pas dans nos pensées, ne devinent pas nos attentes, et ne conçoivent pas nécessairement la motivation de la même manière ; il est par conséquent important de les exprimer. Maintenant que vous avez situé l'éventuel décalage entre votre lecture de la motivation et celles que vous percevez sur votre lieu de travail, il s'agit de le formuler. Il va de soi que la qualité de la relation et le niveau de confiance entretenu avec votre interlocuteur faciliteront ou complexifieront cette étape. Cependant, la situation n'évoluera pas si vous restez avec ce constat sur le cœur et que vous ne l'exprimez pas. Selon votre contexte professionnel, vous pourrez adresser votre message directement à votre manager, ou éventuellement à un représentant des ressources humaines, ou encore à une personne de confiance (mandatée dans le cadre du bien-être au travail) afin de chercher des solutions constructives.

Afin de vous inspirer, voici quelques exemples de ressentis que vous pourriez avoir envie de formuler si vos lectures motivationnelles sont décalées :

- « Lors de notre dernier entretien, nous avons essentiellement discuté des tâches que je suis amené(e) à exécuter. À l'issue de cet échange, je me suis senti(e) contrarié(e), parce que j'aurais besoin d'avoir davantage de feedback sur la qualité de mon travail. Pourrions-nous convenir d'un rendez-vous pour approfondir ce point, afin que je puisse mieux me situer ? »

- « Lors de l'entretien d'évaluation, nous avons essentiellement parlé de l'atteinte des objectifs. En rentrant chez moi, je me suis senti quelque peu frustré(e). J'aurais aimé avoir l'occasion de participer davantage à la mise en œuvre du projet et ne pas devoir me contenter d'exécuter des consignes. Pourrions-nous aborder ensemble certains aspects stratégiques du projet, afin que je puisse être plus autonome à l'avenir ? »

- « J'ai apprécié le feedback que vous m'avez donné la semaine dernière. Malgré tous ces points positifs, je sens que je perds de l'énergie. J'ai besoin de donner du sens à ma fonction. J'ai eu quelques idées. Pourrions-nous trouver un moment, ces

prochains jours, pour parler des possibilités d'évolution de ma mission au sein de
l'équipe ? »

QUEL EST LE SENS DE MON TRAVAIL ?

Les tâches que nous devons effectuer dans notre travail exercent une grande influence sur notre motivation, notre satisfaction et notre productivité. Certains chercheurs se sont donc intéressés de près aux caractéristiques qui lui donnent du sens, en définissant ce dernier comme « un effet de cohérence entre les caractéristiques qu'un sujet recherche dans son travail et celles qu'il perçoit dans le travail qu'il accomplit » (Morin (Estelle M.), « Sens du travail, définition, mesure et validation », in Delobbe (Nathalie), Karnas (Guy), Vandenberghe (Christian), *Développement des compétences, investissement professionnel et bien-être des personnes* (vol. 2). *Dimensions individuelles et sociales de l'investissement professionnel*, p. 12). Huit facteurs influenceraient le sens du travail :

- le respect des valeurs ou l'éthique au travail ;
- l'autonomie au travail ;
- le soutien que l'on reçoit dans l'exercice de son travail ;
- l'utilité du travail ;
- les possibilités d'apprentissage ;
- la reconnaissance ;
- la qualité des relations au travail ;
- le plaisir retiré en accomplissant son travail.

ME REMOTIVER – RÉFLEXION 2

Si vous vous sentez démotivé(e), c'est peut-être parce que vous ne ressentez plus de cohérence et que votre emploi actuel n'a plus de sens pour vous ? Vous pouvez dès lors vous poser les questions suivantes :

- Ai-je le sentiment que mes valeurs sont respectées ? Que nous suivons des principes éthiques importants à mes yeux ?
- Ai-je le sentiment de pouvoir prendre des initiatives, proposer des solutions, m'organiser librement ?
- Ai-je le sentiment d'être soutenu(e), par mes collègues, par mes supérieurs, par mon organisation ?

- Ai-je le sentiment que mon emploi est utile ? En quoi est-il utile ? En quoi est-il inutile selon moi ?
- Quelles sont les dernières choses que j'ai eu la possibilité d'apprendre ? À quelle occasion ? Est-ce que cela est suffisant, satisfaisant ?
- Est-ce que je me sens reconnu dans mon travail ? Par qui ? De quelle forme de reconnaissance ai-je besoin ?
- Les relations professionnelles que j'entretiens sont-elles agréables, constructives, confortables ? Ou au contraire, tendues, insatisfaisantes, inconfortables ? Avec qui ? Pour quelles raisons ?
- De manière générale, qu'est-ce qui me plait dans un emploi ?
  - Les sensations fortes, la possibilité de m'améliorer, de me dépasser.
  - La possibilité d'apprendre de nouvelles choses ou de les comprendre, de satisfaire ma curiosité.
  - La possibilité de donner du sens à ce que je fais, de m'accomplir, de relever des défis.

- Est-ce le cas dans l'emploi que j'occupe actuellement ?

Pour chacune des réponses à ces questions, demandez-vous :

- Sur quoi puis-je agir directement ?
- Sur quoi puis-je agir indirectement ?
- Sur quoi est-il impossible d'agir ?
- Quelles sont les pistes de solutions qui me viennent à l'esprit ?
- De quoi aurais-je besoin pour les mettre en œuvre ?
- À qui pourrais-je en parler ?

LES DIFFÉRENTES FORMES DE MOTIVATION

Il existe de nombreuses définitions de la motivation. Florence Cassignol-Bertrand, Pierre-Henri François et Claude Louche, chercheurs aux universités Paul Valéry de Montpellier et de Poitiers (cités dans LABERON (Sonia), *Psychologie et recrutement. Modèles, pratiques et normativités*, Bruxelles, De Boeck, 2011, p. 201-218), nous indiquent que les nombreux auteurs qui traitent le sujet de la motivation s'accordent à la considérer comme une force, puisée à l'intérieur ou à l'extérieur de soi, déclenchant des comportements (avec une certaine intensité et dans une certaine direction) et permettant à ceux-ci d'être durables. Selon la théorie de l'autodétermination, notre motivation serait « autodéterminée » lorsqu'elle se rapporte aux actions que nous choisissons et approuvons, et « non autodéterminée » quand nous nous imposons de faire les choses ou qu'elles nous sont imposées.

La motivation intrinsèque

Elle s'exprime lorsque nous faisons les choses par plaisir. Elle est très autodéterminée et trouve sa source dans trois formes différentes :

- des actions qui offrent des sensations fortes, par le désir de grandir, de se professionnaliser, de se montrer capable de répéter un geste indéfiniment pour s'améliorer ;
- le plaisir d'apprendre de nouvelles choses, d'en savoir plus, de satisfaire notre curiosité ou de comprendre ;
- le désir de donner du sens, l'accomplissement et le sentiment de relever des défis.

La motivation extrinsèque

Elle s'exprime lorsque nous faisons les choses pour des raisons instrumentales, « dans le but de… ». Elle prend des formes différentes qui s'étirent entre la non-autodétermination et l'autodétermination :

- l'évitement d'une sanction ou l'obtention d'une récompense (la régulation externe). Par exemple : c'est la fin de la journée, le soleil brille, nous sommes tenté de remettre notre tâche au lendemain. Cependant, nous nous motivons à clôturer le dossier pour éviter d'entendre la voix stridente de notre manager : « Je t'avais dit que ce dossier était urgent ! Comment puis-je te faire confiance si tu ne respectes pas les délais ? » Il s'agit d'une forme non autodéterminée de motivation : nous nous sentons obligé(e) de le faire.
- la culpabilité (la régulation introjectée). Par exemple : « Si je ne clôture pas ce dossier aujourd'hui, Martine devra combler mon retard et postposer la réunion avec le directeur. » Il s'agit d'une forme non autodéterminée de motivation : nous nous obligeons à le faire.
- la possibilité de concilier la situation avec

d'autres activités importantes ou d'atteindre un autre objectif (la régulation par identification). Par exemple : « Je dois parfois mettre les bouchées doubles pour clôturer mon dossier, mais le fait de passer à mi-temps le mois prochain me permettra d'accompagner Lucie aux entrainements de gymnastique, allez, courage ! » Il s'agit d'une forme autodéterminée : nous choisissons de le faire, même si ce n'est pas par plaisir.

- l'utilisation de mes valeurs, des principes que j'ai intégrés (la régulation intégrée). Par exemple : « Je suis quelqu'un sur qui on peut compter, je n'ai jamais quitté le bureau sans avoir bouclé mes dossiers, soleil ou pas. C'est une question de principe ! Je vous rejoindrai plus tard. » Il s'agit d'une forme autodéterminée.

« L'amotivation »

Elle concerne les personnes qui exercent leurs activités avec résignation, ne percevant aucune relation entre leurs actes et les résultats, soit pour des raisons externes (aucun feedback constructif perçu), soit pour des raisons qui leur sont propres (elles se croient de toute façon incapables d'atteindre les objectifs). Il s'agit de la forme de motivation la moins autodéterminée. Elle n'est pas intentionnelle, la personne n'agit ni par choix ni par plaisir.

Luc Pelletier et Robert Vallerand (cités dans LABERON (Sonia), *Psychologie et recrutement. Modèles, pratiques et normativités*, Bruxelles, De Boeck, 2011, p. 205) ont constaté que la motivation autodéterminée (par choix) a un impact significatif sur la performance et des effets positifs au travail. Elle permettrait donc de mieux prédire la performance et la satisfaction que les motivations non autodéterminées (imposées).

ME REMOTIVER – RÉFLEXION 3

Dans le tableau ci-dessous, indiquez une croix noire pour situer vos motivations au moment où vous avez commencé votre emploi. Marquez ensuite d'une croix rouge vos motivations actuelles.

MOTIVATION AUTODÉTERMINÉE	↑	« Je fais mon travail parce qu'il me stimule, me permet d'apprendre ou me permet de m'accomplir. »	MOTIVATION INTRINSÈQUE
		« Ce sont mes valeurs qui guident mes actions au travail, c'est une question de principe. »	MOTIVATION EXTRINSÈQUE INTÉGRÉE
		« Je fais mon travail parce qu'il se combine avec… et que c'est important pour moi, ou parce qu'il me permet d'atteindre un autre objectif. »	MOTIVATION EXTRINSÈQUE IDENTIFIÉE

<table>
<tr><td rowspan="3">MOTIVATION NON AUTODÉTERMINÉE</td><td>« Je fais mon travail pour ne pas me sentir coupable de… »</td><td>MOTIVATION EXTRINSÈQUE INTROJECTÉE</td></tr>
<tr><td>« Je fais mon travail pour obtenir… ou pour éviter de… »</td><td>MOTIVATION EXTRINSÈQUE EXTERNE</td></tr>
<tr><td>« Je suis résigné(e), je ne vois pas de lien entre mes actes et les résultats de mon travail. »</td><td>AMOTIVATION</td></tr>
</table>

Vos motivations ont-elles changé ? À quel niveau ? Quelles sont vos déductions ? La forme de motivation actuellement dominante est-elle en adéquation avec la fonction que vous occupez ? Qu'est-ce qui devrait changer ? Sur quoi pouvez-vous agir directement ? Sur quoi pouvez-vous agir indirectement ? Sur quoi ne pouvez-vous pas agir ?

POURQUOI SUIS-JE DÉMOTIVÉ(E) ?

Si nous sommes motivé, c'est entre autres parce que nous nous sentons compétent, parce que nous interagissons adéquatement avec notre contexte professionnel, et parce que nous aimons détenir l'initiative de nos comportements (autodétermination). Si vous devez relancer votre motivation, il est important d'identifier ce qui a pu l'impacter. De nombreuses recherches démontrent que c'est lorsque l'on touche à la satisfaction de nos besoins de compétence et d'autodétermination que notre motivation diminue.

Si vous ne vous sentez pas compétent ou que vous n'avez pas le sentiment d'être à l'origine de ce que vous entreprenez, votre motivation intrinsèque (comportements émis par choix et par plaisir) peut diminuer, ainsi que certaines formes de motivations extrinsèques (comportements émis pour obtenir ou éviter quelque chose, ou par culpabilité). Des études indiquent que si vous vous sentez surveillé(e) dans votre travail, si vous ne recevez pas de feedback ou si votre travail est critiqué, si vos compétences sont remises en question, ou si vous ne disposez pas de marges de manœuvre pour prendre des initiatives, il ne serait absolument pas surprenant que vous vous sentiez démotivé(e), que vous soyez moins performant(e) et qu'il vous arrive d'avoir l'intention de quitter votre job.

SUBIR OU AGIR ?

Si la situation actuelle vous démotive, n'attendez pas que les autres y fassent quelque chose, changez ce que vous pouvez ! Le psychologue et consultant en management américain Spencer Johnson, dans son récit *Qui a piqué mon fromage ?*, décrit différentes possibilités de se positionner face au changement.

Polochon et Baluchon sont à la recherche de fromage, condition de leur bien-être. Alors qu'ils étaient habitués à le trouver toujours au même endroit, arrive le jour où ils tombent de haut... plus de fromage ! Ne sachant « qui a piqué leur fromage », chacun des compagnons développe sa propre stratégie face à cette situation nouvelle :

- Polochon attend passivement que les choses s'arrangent, préférant rester sans fromage et répéter inlassablement les mêmes comportements infructueux plutôt que se lancer dans un labyrinthe aux contours inconnus.

- Bien qu'également séduit par cette option dans un premier temps, Baluchon décide finalement de cesser de tourner en rond. Acceptant l'idée selon laquelle la vie se compose d'une succession de changements, et suivant son intuition, il se met en route, l'estomac noué par la peur de l'inconnu. Maintenant le cap sur son objectif, Baluchon découvre progressivement un sentiment de liberté. Il finit par trouver un « nouveau fromage » qui lui fait peu à peu oublier celui qu'il avait toujours connu.

Vous sentez-vous démotivé(e) par la situation actuelle ? Qu'avez-vous entrepris pour que la situation évolue ? Comment avez-vous accueilli les changements survenus dans votre situation professionnelle ? Souhaitez-vous simplement attendre que ça passe, comme Polochon ? Ou envisagez-vous de dépasser vos peurs et vos vieilles certitudes pour explorer les possibilités et découvrir que vous êtes également capable d'apprécier de nouvelles saveurs, comme Baluchon ?

Quel est votre degré de motivation à faire face
au changement ?

TOP CONSEILS

FAITES LE POINT SUR VOTRE CARRIÈRE

Où en est votre projet professionnel ? Quels sont les buts que vous souhaitez atteindre ?

ME REMOTIVER – RÉFLEXION 4

Dans son ouvrage *Décrochez le job de vos rêves*, Yves Maire du Poset propose de tracer le graphique de votre carrière. Nous avons légèrement adapté l'exercice pour vous.

- En abscisse, indiquez les différentes étapes de votre parcours.
- En ordonnée, établissez une échelle de satisfaction : 0 – pas satisfait ; +10 – très satisfait ; -10 – très insatisfait.

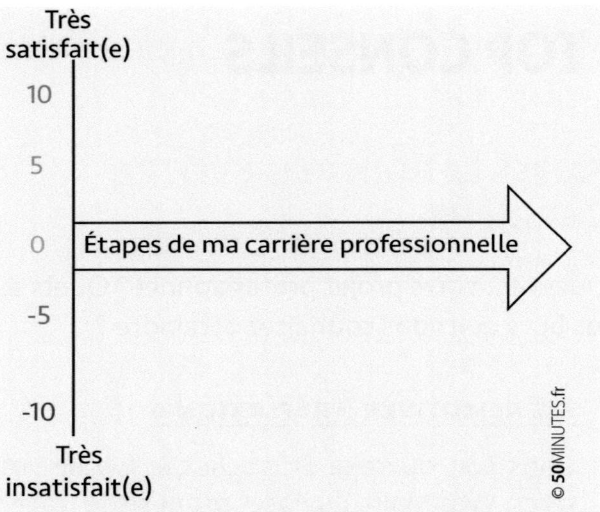

- Pour chaque étape clé, indiquez votre niveau de satisfaction et reliez les points entre eux. Mettez en évidence les moments forts, les plus satisfaisants, ainsi que les moments où votre satisfaction était au plus bas.

- Lors de ces moments clés, que s'est-il passé ? Quels sont les facteurs qui ont influencé la situation ? Quelles étaient vos attentes ? Dans quelle mesure ont-elles été rencontrées ? Quel était votre niveau de contrôle dans la situation ? Vous sentiez-vous capable d'agir ? Pourquoi ?

- Prenez ensuite le temps de décrire deux réalisations professionnelles dont vous êtes particulièrement fier/fière. Décrivez la situation, vos objectifs, les actions que vous avez concrètement entreprises et les résultats que vous avez obtenus. Quels défis étaient en jeu ? Quels furent vos facteurs de réussite ? Qu'avez-vous envie de réaliser aujourd'hui ? De quoi auriez-vous besoin ?

FAITES LE POINT SUR VOTRE EMPLOYABILITÉ

Selon les auteurs Joël Müller et Emmanuel Djuatio, l'employabilité comprendrait différents aspects :

- la capacité à obtenir un emploi (la formation) ;
- la capacité à le conserver (la mobilité ou le développement) ;
- la capacité à en trouver un nouveau (l'orientation de carrière).

Selon ces auteurs, les organisations ont tout intérêt à mettre en valeur l'employabilité de leurs salariés, en augmentant la flexibilité et les possibilités de mobilité. Cela leur permet, d'une part, de rester adaptables aux évolutions du contexte et, d'autre part, de favoriser la satisfaction et l'implication organisationnelle de leur personnel. Une bonne perception de votre employabilité améliore votre satisfaction au travail.

ME REMOTIVER – RÉFLEXION 5

Mon « employabilité » est-elle valorisée par mon employeur ?

(Questions inspirées du questionnaire de la recherche de : MÜLLER (Joël), DJUATIO (Emmanuel), « Les relations entre la justice organisationnelle, l'employabilité, la satisfaction et l'engagement organisationnel des salariés », in *Revue de gestion des ressources humaines*, 2011/4, n° 82, p. 46-62)

Formation

- Avez-vous le sentiment que votre expérience vous permet de garder votre emploi ?

- Votre formation vous permet-elle d'être facilement employé(e) ailleurs sur le marché de l'emploi en général (formation qui offre des accès de mobilité faciles au sein de l'entreprise ou en dehors) ?
- Devriez-vous développer des compétences particulières pour garder votre emploi ?

Mobilité au sein de l'organisation

- Avez-vous suivi des formations continues, ou avez-vous la possibilité d'en suivre prochainement ?
- Ces formations vous permettent-elles de vous adapter aux changements de votre entreprise ?
- Ces formations vous permettent-elles de répondre aux évolutions technologiques au sein de l'entreprise ?

Orientation professionnelle

- Votre organisation vous a-t-elle consacré un moment pour faire le point sur votre emploi ?
- Votre organisation vous a-t-elle consacré un moment pour faire le point sur vos compétences ?

- Avez-vous apprécié ces moments ? Pourquoi ?
- Avez-vous la possibilité, au sein de votre poste et de votre organisation, de vous consacrer à des projets qui stimulent et développent vos compétences ?
- Appréciez-vous prendre part à ces projets ? Pourquoi ?

FAITES LE POINT SUR VOTRE IMPLICATION AFFECTIVE ENVERS L'ORGANISATION

L'implication envers l'organisation est représentative d'une adhésion à ses buts et valeurs, d'une volonté de produire des efforts pour elle et d'un désir d'en rester membre. On distingue :

- l'implication de continuation, c'est-à-dire votre lien instrumental à l'organisation, la quitter impliquant un coût plus important que d'en rester membre ;
- l'implication normative, poussant les personnes à rester par obligation morale ;
- l'implication affective, qui se réfère à votre lien émotionnel avec l'organisation.

Cette dernière est influencée par :

- les caractéristiques de notre travail (diversité des tâches, degré d'autonomie, feedback positif, etc.) ;
- la forme des interactions entre le groupe de travail et le supérieur (l'implication augmente quand le supérieur nous inclut dans les décisions) ;
- la culture d'entreprise ;
- le rôle que nous jouons au sein de l'organisation.

LE SAVIEZ-VOUS ?

La psychologie distingue trois types de problématiques liées au rôle qui peuvent générer du stress et donc impacter notre santé :

- l'ambiguïté de rôle, lorsque nous ne savons pas exactement ce qui est attendu de nous ;
- le conflit de rôle, lorsque les consignes que nous recevons entrent en contradiction avec les éléments qui émanent du contexte ;

- la surcharge de rôle, lorsque nous avons trop de travail pour le rôle qui nous est attribué.

Ces situations, en affectant la santé, ont des conséquences négatives sur la motivation au travail. Comment vous sentez-vous dans le rôle qui vous est actuellement octroyé ?

FAITES LE POINT SUR VOS BESOINS DE RESPECT ET DE RECONNAISSANCE

Sharon C. Bolton et Maeve Houlihan indiquent, dans leur ouvrage relatif à la recherche de l'humain dans la gestion des ressources humaines, que nous nous épanouissions ou souffrons en fonction du niveau de rencontre de nos besoins. Les êtres humains ne se contentent pas de se sentir en sécurité, de bénéficier de bonnes conditions matérielles ou encore d'avoir accès aux opportunités ; nous avons également besoin de reconnaissance, d'avoir des interactions respectueuses et non humiliantes avec les autres, de l'approbation des autres, de nous sentir intégrés, soutenus par un réseau.

Le poids des normes de l'entreprise à laquelle vous appartenez a une incidence sur vos comportements et ceux des personnes qui vous entourent au travail. Au-delà des règles et des procédures déclarées existe un tissu de conventions, moins apparentes, qui influenceront votre bien-être au travail. Les contextes professionnels dans lesquels nous évoluons valorisent différentes formes de vertus ou de vices, et encouragent certains comportements plus que d'autres. Des chercheurs ont démontré que nous ne travaillons pas tellement pour booster notre estime personnelle, mais plutôt parce que la plupart d'entre nous pensent que c'est la bonne chose à faire, et que cela nous procurera l'approbation de notre entourage.

Si vous vous sentez compétent, que vous aimez votre job et que vos collègues sont sympathiques, mais que vous souffrez tout de même de démotivation, prenez le temps de vous interroger sur les critères valorisés dans votre contexte professionnel. Dans quelle mesure y adhérez-vous ? Dans quelle mesure vous en écartez-vous ? Dans quelle mesure vous sentez-vous valorisé et respecté ? De quoi auriez-vous besoin pour que ce soit le cas ? Quel type de contexte professionnel pourrait répondre à vos besoins ?

FAITES LE POINT SUR VOTRE SENTIMENT D'ÉQUITÉ

Le sentiment de respect et d'estime de soi passe également par le sentiment d'équité. Peut-être vous sentez-vous démotivé parce que l'un de vos collègues a obtenu une promotion alors que vous avez le sentiment qu'il/elle ne la méritait pas réellement ? Les sentiments d'injustice au travail, notamment liés aux différences de salaires, de valorisation des compétences et de traitement dans les conditions de travail, influencent la motivation. Plusieurs études ont démontré le poids de la justice sur la satisfaction. Elle peut être distributive (liée à la motivation personnelle, équité perçue quant à la répartition des ressources, comme le salaire, la satisfaction par rapport à ce que l'on gagne et à son travail) ou procédurale (équité liée aux méthodes utilisées par l'organisation, liée à la structure de l'organisation et à notre implication envers cette dernière).

Où en est votre sentiment de justice ?

(Questions inspirées du questionnaire de la recherche de : Müller (Joël), Djuatio (Emmanuel), « Les relations entre la justice organisationnelle, l'employabilité, la satisfaction et l'engagement organisationnel des salariés », in *Revue de gestion des ressources humaines*, 2011/4, n° 82, p. 46-62)

Concernant la distribution des ressources

- Avez-vous le sentiment que votre entreprise vous propose plus d'avantages que ce que la concurrence pourrait vous proposer ?
- Avez-vous le sentiment que votre salaire correspond au poste que vous occupez ?
- Votre rémunération correspond-elle à votre niveau de compétence ?
- Votre rémunération correspond-elle à votre niveau de responsabilité ?
- Si vous comparez vos avantages et contributions à ceux de personnes qui occupent des postes similaires, avez-vous l'impression que la situation est équitable ?

Concernant les méthodes et procédures utili-sées par votre organisation

- Avez-vous l'impression de pouvoir donner votre opinion ?
- Pouvez-vous facilement donner votre avis sur certaines décisions de l'entreprise ?
- Votre entreprise communique-t-elle faci-lement sur ses décisions ?
- L'entreprise traite-t-elle rapidement vos demandes de formation ?
- Avez-vous le sentiment que votre entre-prise prend votre avis en compte dans ses décisions ?

Ressentez-vous un sentiment d'injustice ? Avez-vous l'impression que ce que vous re-cevez correspond à ce que vous attendez ? Que pouvez-vous entreprendre pour amé-liorer la situation ? Comment pourriez-vous formuler ces demandes constructives, et à qui envisageriez-vous de les adresser pour améliorer votre sentiment de justice et relancer votre motivation ?

OBJECTIVEZ LE COÛT ET L'IMPACT DES « NUISIBLES » QUI SABOTENT VOTRE MOTIVATION

Robert Sutton, professeur de management à la Stanford Engineering School, propose, dans son ouvrage *Objectif zéro sale con*, une approche qui permet de renverser la lecture – et pourquoi pas la vapeur ? – face au travail de sape d'une personne qui déploie son énergie pour nous mettre des bâtons dans les roues ou nous plomber le moral. Ces « sales cons » nuisent à notre performance et, par conséquent, à celle de l'entreprise.

Si votre motivation est affectée sous l'effet d'un « sale con », il est probable que vous ayez observé des comportements parmi ces derniers : envahissement de l'espace personnel, menaces et intimidations, plaisanteries sarcastiques, humiliations publiques... Selon l'auteur, toutes les entreprises devraient adopter « l'objectif zéro-sale-con », afin de préserver l'énergie et l'estime de soi de leurs victimes, et leur performance.

Mais comment lutter contre un « sale con » ? Tout simplement en objectivant vos heures perdues à son contact et le traduisant en coûts. Si vous prenez quelques instants pour calculer le temps passé avec la hiérarchie, avec les ressources humaines, avec les intervenants extérieurs, en recrutement suite aux départs ou absences, en heures supplémentaires, en échange de mails, réunions, entretiens téléphoniques, etc., vous serez en mesure de chiffrer le coût que représentent les interactions inutiles dédicacées à cette personne. Si vos arguments émotionnels ne sont pas entendus, le coût attribuable aux nuisibles et la quantification du temps qu'ils vous font perdre serviront de base objective à la discussion. Et pendant que vous chiffrez l'impact financier de leur toxicité, tenez-vous à distance de ces profils, tant que vous le pourrez !

OBTENEZ CE QUE VOUS VOULEZ EN PARTAGEANT VOS MOTIVATIONS

Peut-être vous sentez-vous démotivé(e) parce que vous avez l'impression que certain(e)s de vos collègues ont l'audace de se présenter sous un meilleur jour et finissent par obtenir ce que vous convoitez ? Luc Pelletier et Robert Vallerand attirent notre attention sur le fait qu'à performance égale, les personnes présentant des motivations intrinsèques (par plaisir : de se dépasser, de se développer, de s'accomplir) seraient perçues comme plus « désirables socialement », alors que les personnes aux motivations choisies (pas subies) mais extrinsèques (par exemple dans le but de concilier vie privée et vie professionnelle) seraient perçues comme plus « utiles », parce que plus efficaces.

La forme des motivations que nous présentons aurait donc un impact sur les évaluateurs ! L'effet pervers de ce processus invite les candidats à présenter des motivations intrinsèques uniquement pour se faire bien voir, ce qui n'attire pas toujours la sympathie des autres. Attention, selon les attentes que votre employeur aura de vous, il appréciera différemment vos formes de motivations.

FAQ

POUR ME REMOTIVER AU TRAVAIL, DOIS-JE UNIQUEMENT ME FOCALISER SUR LES ASPECTS PROFESSIONNELS ?

Non. La démotivation que vous ressentez envers votre emploi est probablement le reflet d'un mal-être plus large, qui englobe tous les aspects de votre vie. Vos tentatives pour vous remotiver doivent donc s'insérer dans une réflexion globale.

Si vous agissez uniquement sur les aspects qui vous dérangent au travail, vous constaterez certainement une amélioration ; mais pour faire face aux situations pénibles, il ne suffit pas de réduire la confrontation aux sources désagréables. Cette attitude vous permet de vous préserver, mais ne vous rend pas nécessairement plus heureux. Il est donc également important que vous preniez en compte ce qui se déroule dans votre vie en dehors du travail.

Des recherches ont démontré que la dépression, consécutive à un événement ou à une accumulation de tension psychique, résulterait notamment de la rareté d'événements et d'activités agréables. Les chercheurs, parmi lesquels les behavioristes (partisans d'une approche psychologique centrée sur la modification des comportements), partant des observations selon lesquelles le bonheur ne s'opposerait pas simplement au malheur, s'accordent sur le fait qu'une augmentation de ces activités a un effet positif sur notre humeur. Ainsi, au-delà de l'élimination des sources de souffrance, il est nécessaire de développer des comportements qui nous apportent du plaisir et de la joie.

Si vous vous sentez démotivé, le moment est peut-être venu de vous interroger sur la fréquence des moments agréables que vous vous êtes accordés dernièrement. Votre vie comporte-t-elle des activités plaisantes, qui vous donnent de l'énergie, qui vous permettent de vous ressourcer ? Avez-vous pris des vacances récemment ?

Mon entreprise me demande d'être proactif(ve) ; pourtant elle valorise ceux qui restent dans les rangs !

Vous donnez le meilleur de vous-même, tentant de proposer des solutions innovantes et de vous montrer proactif. Vous êtes persuadé(e) que c'est ce que votre entreprise attend de vous, parce c'est ce qui est écrit dans votre offre d'emploi. Pourtant, votre motivation s'érode au contact de collègues impassibles, prenants peu de risques et qui, pour une raison que vous ne vous expliquez pas, finissent toujours par attirer la préférence !

Le principe d'adhésion à la norme d'allégeance explique que la personne qui évite tout comportement qui puisse être socialement remis en cause, et qui ne s'attarde pas à challenger la hiérarchie ou le pouvoir du système, incarnant ainsi le collaborateur loyal et fidèle, sera davantage appréciée. Pourquoi ? Parce que son comportement préserve l'équilibre de l'environnement social et l'autorité en place.

Ce ne sont donc pas nécessairement vos compétences qui doivent être remises en cause ! Le meilleur moyen de contrebalancer cet effet est de montrer votre valeur ajoutée – n'attendez pas simplement qu'on la remarque – et d'en faire votre marque personnelle.

COMMENT RÉAGIR AU STRESS PROFESSIONNEL QUI ME DÉMOTIVE ?

La littérature scientifique rapporte trois « modes de coping » (VAN RILLAER (Jacques), *La gestion de soi*, Liège, Mardaga, 1992, p. 69-75) offrant une bonne résistance au stress :

- penser que nous sommes capables d'entreprendre des actions susceptibles d'influencer le cours des événements (récolter des informations, analyser, prendre des initiatives) ;
- accueillir positivement les changements en les percevant comme des opportunités faisant partie de l'existence ;
- voir le travail comme une dimension intéressante plutôt qu'aliénante.

Les personnes qui combinent ces trois modes seraient plus « hardies, vigoureuses » que les autres, leur démarche « orientée solution » pour élaborer de nouveaux comportements leur permettant de s'ajuster aux événements qui surgissent dans le contexte.

COMMENT PRODUIRE DES SOLUTIONS FACE AUX SITUATIONS DIFFICILES ?

Voici plusieurs étapes à suivre pour générer des solutions face à une situation problématique et démotivante.

- Commencez par vous arrêter pour regarder le problème en face.
- Formulez-le en étudiant la situation et en décrivant ce que vous souhaitez changer.
- Cherchez des solutions en ne vous contentant pas de celles qui sont facilement accessibles, mais en en imaginant de nouvelles, par l'application des principes suivants :
  - ne pas croire les évidences et considérer votre lecture du problème comme une interprétation parmi d'autres ;

- prendre de la hauteur, en tentant d'identifier les relations entre les éléments et le cœur du problème ;
- décomposer le problème en sous-problèmes et les hiérarchiser ;
- vous référer à des solutions développées dans le passé ;
- vous renseigner auprès de personnes ayant déjà été confrontées à des situations identiques ;
- vous informer auprès d'experts ;
- imaginer ce que vous conseilleriez à une autre personne dans votre situation ;
- laisser les idées reposer.
- Choisissez la solution appropriée, en évaluant sa faisabilité et en réfléchissant aux coûts et bénéfices à court terme, mais aussi à ceux à moyen et long terme.
- Mettez vos décisions en œuvre, en fixant des échéances, en visualisant les conséquences positives, en abordant la solution comme une expérience, en vous fixant des objectifs raisonnables, en commençant par des actions qui procurent de la satisfaction et un sentiment d'efficacité pour vous lancer, et surtout en agissant plutôt que d'en discuter.

- Évaluez les effets des solutions pour maintenir votre motivation.

SERAIS-JE PLUS SATISFAIT(E) ET PLUS MOTIVÉ(E) SI JE TRAVAILLAIS À TEMPS PARTIEL ?

Pas nécessairement. Des études menées en France indiquent que les salariés à temps partiel sont globalement satisfaits. Mais cette satisfaction serait contrebalancée par une insatisfaction relative à la possibilité de participer aux décisions, à la reconnaissance du travail accompli et au stress vécu au travail (la diminution du temps de travail n'étant pas toujours proportionnelle à la réduction de la charge de travail, cette forme d'occupation induisant également une rémunération plus faible, pas de possibilité de promotion, etc.). Les personnes qui n'envisagent pas de « faire carrière » seraient davantage satisfaites de cette formule que celles qui visent une évolution professionnelle ou envisagent cette solution comme transitoire en vue d'un changement d'orientation professionnelle.

COMMENT FONT CEUX QUI S'ADAPTENT AUX CHANGEMENTS ORGANISATIONNELS ?

De nombreuses organisations font face aux changements, adaptent leur structure et leurs procédures à la recherche de l'efficience. Ces évolutions peuvent constituer une menace pour la sécurité de l'emploi, affectant nos relations au travail et dans notre vie privée, inquiétant notre bien-être, notre statut professionnel, notre confiance en nous, notre identité. Autant d'éléments qui rendent notre situation inconfortable, générant de l'anxiété. Deborah J. Terry et Victor J. Callan se sont penchés sur la question de l'ajustement, en étudiant les facteurs qui permettent de prédire les pensées et les actes qui seront développés pour résoudre les problèmes face au stress, dans un contexte de changement. Voici ce qu'ils ont découvert.

- Il est nécessaire de considérer les caractéristiques du changement, ses implications n'étant pas identiques pour chacun d'entre nous. Il faut prendre en compte ses effets sur le travail, la mesure dans laquelle nous percevons que nous pouvons nous impliquer ou non dans son implémentation (l'approche participative étant souvent à la clé de la réussite d'un changement organisationnel), le sentiment perçu de contrôle sur l'événement, notamment véhiculé par la clarté (ou non) de la vision du leader...

- L'interprétation du changement aura également une influence. Ainsi, les personnes qui ont le sentiment de pouvoir agir sur les facteurs stressants pour les réduire et qui se sentent capables d'adopter les comportements nécessaires pour s'illustrer dans la situation auront tendance à maintenir leur effort pour la gérer. Au contraire, les personnes qui doutent de leur aptitude à répondre aux demandes de l'organisation dans ce changement risquent de se focaliser sur un sentiment d'incompétence les mettant en difficulté pour gérer la situation.
- Les personnes qui mettent en place des stratégies de coping (permettant de faire face au stress), des pensées et comportements en vue de trouver des solutions, sont plus susceptibles de s'adapter au changement et de faire face au stress professionnel. À l'inverse, les personnes « orientées émotions », qui ne se concentrent

pas sur le problème mais restent centrées sur leur niveau de détresse émotionnelle liée au changement, s'adapteraient moins bien.

- Les ressources internes vont également influencer les réactions d'une personne face à une situation : les caractéristiques personnelles, la confiance en soi, le sentiment d'avoir un contrôle sur sa destinée, les ressources de l'environnement social, les sources de soutien perçues au travail – qui auraient par ailleurs un effet plus important que les ressources extérieures au monde du travail.

Si vous vous sentez démotivé(e) parce que menacé(e) par une situation de changement, nous vous invitons à vous informer et évaluer la mesure dans laquelle vous avez la possibilité de vous impliquer plutôt que de vouloir éviter les sensations désagréables causées par la situation. Si vous adoptez une attitude « orientée solution », cela devrait augmenter votre sentiment de contrôle, diminuer le sentiment de menace et, par conséquent, votre stress.

DOIS-JE ENVISAGER UNE RECONVERSION PROFESSIONNELLE POUR ME REMOTIVER ?

Éventuellement, mais pas sans préparation ni sans prise de risque. Vous avez pris conscience des facteurs qui vous démotivent au travail ? Vous avez tenté d'objectiver la situation et mis des solutions en œuvre, et pourtant le doute et l'insatisfaction subsistent ? Alors, c'est vrai, il est peut-être temps d'envisager une bifurcation. Le soutien de votre entourage sera précieux dans cette démarche. Le moment est venu de définir votre nouveau projet. Catherine Négroni, dans son ouvrage relatif à la reconversion profession-nelle volontaire, illustre différentes formes de reconversion :

- la reconversion passion, pour vivre son hobby, découvrir sa passion ;
- la reconversion promotionnelle pour ap-prendre ou rattraper un sentiment d'échec scolaire ;
- la reconversion stabilisation d'emploi, pour se stabiliser, trouver sa place et anticiper l'avenir ;

- la reconversion équilibre, pour lever le pied en équilibrant les dimensions professionnelles et privées.

Dans quel type de reconversion avez-vous le sentiment de vous inscrire ? Quel serait votre rêve ? Si vous ancrez ce rêve dans la réalité, que devient votre objectif ? Quelle est votre situation (bilan de compétences, formations, ressources, etc.) ? Quelles sont les étapes intermédiaires pour atteindre votre objectif ? De quoi avez-vous besoin ? Qui peut vous aider ? Quels sont les éléments de votre passé professionnel que vous pouvez utiliser comme ressource pour construire votre avenir ? La reconversion professionnelle est un projet qui se construit en engageant une réflexion sur soi et en interagissant avec les autres ; elle est facilitée par leur soutien.

À VOUS DE JOUER !

Il est temps de relancer votre motivation, en analysant dans un premier temps les dimensions qui l'affectent. Commentez brièvement chacun des points suivants.

Éléments à analyser	Commentaire
Le respect de vos valeurs ou d'une certaine éthique	
Votre autonomie	
Le soutien que vous percevez de la part de vos collègues, de votre manager, de votre organisation	
L'utilité de votre travail	
Vos possibilités d'apprentissage	
La reconnaissance que vous recevez des membres de l'organisation, de vos clients…	
La qualité de vos relations au travail	
Le plaisir que vous retirez en accomplissant votre travail	
Votre rôle au sein de l'organisation	
Votre adhésion à la culture d'entreprise	
Autre	

Dans un second temps, cherchez des solutions en structurant votre réflexion avec le modèle IDEAL.

	Méthode	Votre réponse
I	*Identify problems* – identifier les éléments de votre démotivation.	
D	*Define and represent the problems* – Définissez les problèmes en décrivant les événements qui ont déclenché votre perte de motivation selon vous, ce que vous avez constaté, pensé, mesuré… Essayez de décrire les faits de manière objective. Évoquez les émotions que vous avez ressenties (peur, colère, tristesse…). Exprimez vos besoins face à ces événements.	
E	*Explore possible strategies* – Explorez les alternatives, les possibilités d'échanger, de déléguer, de supprimer des activités. La mise à disposition de méthodes, d'outils, de formations pourrait-elle vous aider ? De quel type d'aide avez-vous besoin ? Quelles sont vos idées, vos suggestions ?	

A/L	Méthode	Votre réponse
A	*Act on strategies* – Que pourriez-vous faire concrètement ? Comment ? Avec quoi ? Avec qui ? Dans quels délais ? Quels seraient les bénéfices/coûts ? Élaborez un plan d'action et discutez-en avec votre manager (ou, en cas de conflit, avec un représentant RH ou une personne de confiance mandatée dans le cadre de la loi du bien-être au travail).	
L	*Look back and evaluate the effects of your activities* – Convenez d'un délai de mise en œuvre du plan d'action et d'un moment d'évaluation de ses effets afin de procéder aux probables ajustements nécessaires.	

| Source : Bransford (John D.) et Stein (Barry S.), *The Ideal Problem Solver: Guide For Improving Thinking, Learning and Creativity*, Wallingford (Royaume-Uni), W. H. Freeman and Company, 1984, p. 12, figure 2.1.

Votre avis nous intéresse !
Laissez un commentaire sur le site de votre
librairie en ligne et partagez vos coups de cœur sur
les réseaux sociaux !

POUR ALLER PLUS LOIN

SOURCES BIBLIOGRAPHIQUES

- BOLTON (Sharon C.) et HOULIHAN (Maeve), *Searching for the human in Human Resource Management. Theory, Practice and Workplace Contexts*, New York, Palgrave Macmillan, 2007.

- BRANSFORD (John D.) et STEIN (Barry S.), *The Ideal Problem Solver: Guide For Improving Thinking, Learning and Creativity*, Wallingford (Royaume-Uni), W. H. Freeman and Company, 1984, p. 12, figure 2.1.

- COBUT (Éric) et BOMAL (Géraldine), *Motiver, être motivé et réussir ensemble*, Liège, Edipro, coll. « Ressources Humaines », 2009.

- GANGLOFF (Bernard), « La norme d'allégeance », in LABERON (Sonia), *Psychologie et recrutement. Modèles, pratiques et normativités*, Bruxelles, De Boeck, 2011, p. 177-197.

- JOHNSON (Spencer), *Qui a piqué mon fromage ? Comment s'adapter au changement au travail, en famille et en amour*, Neuilly-sur-Seine, Michel Lafon, 1998.

- LE SAGET (Meryem), *Le management intuitif. Une nouvelle force*, Paris, Dunod, 1992.

- MAIRE DU POSET (Yves), *Décrochez le job de vos rêves. Un guide incontournable pour obtenir le poste que vous voulez*, Paris, Leduc.s, 2013, p. 20-29.

- MEYER (John P.), « Organizational Commitment », in COOPER (Cary L.) et ROBERTSON (Ivan T.) (Eds.), *International Review of Industrial and Organizational Psychology*, vol. 12, Chichester (Royaume-Uni), John Wiley & Sons, 1997, p. 175-228.

- MORIN (Estelle M.), « Sens du travail, définition, mesure et validation », in DELOBBE (Nathalie), KARNAS (Guy) et VANDENBERGHE (Christian), *Développement des compétences, investissement professionnel et bien-être des personnes* (vol. 2). *Dimensions individuelles et sociales de l'investissement professionnel*, Louvain-La-Neuve, Presses universitaires de Louvain, 2003, p. 11-20.

- MÜLLER (Joël) et DJUATIO (Emmanuel), « Les relations entre la justice organisationnelle, l'employabilité, la satisfaction et l'engagement organisationnel des salariés », in *Revue de gestion des ressources humaines*, 2011/4, n° 82, p. 46-62. http://www.cairn.info/resume.php?ID_ARTICLE=GRHU_082_0046

- NÉGRONI (Catherine), *Reconversion professionnelle volontaire. Changer d'emploi, changer de vie. Un regard sociologique sur les bifurcations*, Paris, Armand Colin, 2007.

- ROSA (Catherine), « Développement de carrière et intersignifications des milieux de vie des salariés à temps partiel », in DELOBBE (Nathalie), KARNAS (Guy) et VANDENBERGHE (Christian), *Développement des compétences, investissement professionnel et bien-être des personnes* (vol. 2). *Dimensions individuelles et sociales de l'investissement professionnel*, Louvain-La-Neuve, Presses universitaires de Louvain, 2003, p. 49-58.

- SUTTON (Robert), *Objectif zéro sale con. Petit guide de survie face aux connards, despotes, enflures, harceleurs, trous du cul et autres personnes nuisibles qui sévissent au travail*, Paris, Vuibert, 2010.

- TERRY (Deborah J.) et CALLAN (Victor J.), « Employee adjustment to an organizational change: a stress and coping perspective », in DEWE (Philip), LEITER (Michael) and COX (Tom), *Coping, health and organizations. Issues in occupational health*, Londres/New York, Taylor & Francis, 2000, p. 259-275.

- VAN RILLAER (Jacques), *La gestion de soi*, Liège, Mardaga, 1992.

SOURCES COMPLÉMENTAIRES

- KLEIN (Howard J.), BECKER (Thomas E.) and MEYER (John P.), *Commitment in organizations*, New York/London, Routledge Taylor & Francis Group, 2009.

- MYERS (Wayland), *Pratique de la communication non-violente. Établir de nouvelles relations*, Jouvence, 1999.

- SOUCY (Monique), *J'ai mal à mon travail. Jusqu'où tolérer l'insatisfaction ?*, Wavre, Les Éditions de l'Homme, 2003.

L'éditeur veille à la fiabilité des informations publiées, lesquelles ne pourraient toutefois engager sa responsabilité.

www.50minutes.fr

ISBN ebook : 978-2-8062-7897-5
ISBN papier : 978-2-8062-7898-2
Dépôt légal : D/2016/12603/179
Photo de couverture : © Dirima - Fotolia.com.

Conception numérique : Primento,
le partenaire numérique des éditeurs.